Hora santa litúrgica

Pe. Anízio Ferreira dos Santos, sss
(organizador)

Hora santa litúrgica

É tempo de renovar esperanças...

Tempo do Advento

Citações bíblicas: *Bíblia Sagrada* – tradução da CNBB, 2ª ed., 2002

Direção-geral:	*Flávia Reginatto*
Editora responsável:	*Celina H. Weschenfelder*
Copidesque:	*Mônica Elaine G. S. da Costa*
Coordenação de revisão:	*Andréia Schweitzer*
Revisão:	*Marina Mendonça e Ana Cecília Mari*
Direção de arte:	*Irma Cipriani*
Gerente de produção:	*Felício Calegaro Neto*
Capa e editoração eletrônica:	*Everson de Paula*
Ilustrações:	*Arquivo Paulinas*

Nenhuma parte desta obra poderá ser reproduzida ou transmitida por
qualquer forma e/ou quaisquer meios (eletrônico ou mecânico, incluindo
fotocópia e gravação) ou arquivada em qualquer sistema ou banco de
dados sem permissão escrita da Editora. Direitos reservados.

Paulinas

Rua Pedro de Toledo, 164
04039-000 – São Paulo – SP (Brasil)
Tel.: (11) 5085-5199 – Fax: (11) 5085-5198
http://www.paulinas.org.br – editora@paulinas.org.br
Telemarketing e SAC: 0800-7010081

© Pia Sociedade Filhas de São Paulo – São Paulo, 2004

Introdução

Estamos iniciando um novo tempo litúrgico na Igreja. É o tempo do Advento.

Tudo se enche de alegria e expectativas, pois o Senhor vai chegar.

Para adorarmos ao Santíssimo com o coração cheio de esperanças, preparemo-nos bem.

O ambiente acolhedor é muito importante: as cores do Advento, os cantos, os símbolos, a simplicidade.[1]

---

[1] No evangelho de João (4,23-24), Jesus pede que os discípulos preparem um bom ambiente para a ceia.

Essa hora de adoração compõe-se de quatro momentos interligados.

Acolher e ser acolhido por Jesus eucarístico é o primeiro momento, e tem como objetivo levar a assembléia e cada um em particular a colocar-se na presença do Mistério. Entrar em profunda comunhão espiritual com Cristo eucarístico, sendo acolhido por ele, ao mesmo tempo que nós também o acolhemos no coração e na vida.

O segundo momento de adoração, que tem como título *Fala Senhor, teu servo escuta*, pretende levar a assembléia e cada pessoa a um sincero diálogo com o Pai. Diálogo de amor e compromisso entre filhos e filhas que brota da Palavra.

No terceiro momento — *Uma resposta de amor* —, nós queremos responder amorosamente ao que Deus nos pede por meio da sua Palavra. A nossa resposta pessoal e comunitária deve brotar de uma atitude de fidelidade ao projeto salvífico do Pai.

O quarto e último momento é a *Conclusão*.

Sugerimos a participação de dois animadores para enriquecer a celebração; mas a hora santa litúrgica pode perfeitamente ser conduzida por um só animador.

1º Momento

Acolher e ser acolhido por Jesus eucarístico

Meus irmãos e irmãs. Neste momento, vamos dirigir a Jesus, pão do amor, algumas frases de acolhimento e reconhecimento da sua grandeza presente neste sacramento. Após cada frase pronunciada, todos nós vamos repeti-la e, em seguida, faremos um pouco de silêncio, meditando o que ouvimos.

1. Jesus na Eucaristia é o pão que alimenta a humanidade *(todos repetem)*.

2. Jesus na Eucaristia é fonte de amor *(todos repetem)*.

3. Jesus na Eucaristia é exigência de partilha *(todos repetem)*.

4. Jesus na Eucaristia é esperança de um mundo reconciliado *(todos repetem)*.

5. Jesus na Eucaristia é fonte de justiça e paz *(todos repetem)*.

6. Jesus na Eucaristia é exigência de dignidade e solidariedade humana *(todos repetem)*.

7. Jesus na Eucaristia é luz e alegria dos cristãos *(todos repetem)*.

Animador 1: Advento é o tempo que abre o ano litúrgico. Orar diante da Eucaristia neste tempo significa lembrar que Jesus é aquele que já veio e que, ao mesmo tempo, continua chegando. É ele quem nos acolhe para a oração.

Nossa presença quer ser uma resposta de confiança e de fidelidade.

Aqui estamos para louvar e para agradecer. Mesmo reconhecendo nossas limitações, ao contemplar a presença eucarística de Jesus, nosso Mestre e Senhor, queremos pedir coragem e paz.

Canto

SENHOR, VEM SALVAR TEU POVO!
(Pe. José Weber – CD "Liturgia VIII" – Advento – Anos B e C – Paulus)

1. Senhor, vem salvar teu povo das trevas da escuridão / só tu és nossa esperança, és nossa libertação.

Vem, Senhor, vem nos salvar,
com teu povo vem caminhar.

2. Contigo o deserto é fértil, a terra se abre em flor / da rocha brota água viva, da treva nasce o esplendor.

3. Tu marchas à nossa frente, és força, caminho e luz / vem logo salvar teu povo, não tardes, Senhor Jesus.

Animador 2: Jesus é o pão da vida, é nosso alimento. Olhando para ele neste momento de silêncio, num diálogo de coração para coração, deixemos que nos olhe e veja quem somos e o que trazemos.

(Silêncio orante.)

2º MOMENTO

Fala Senhor, teu servo escuta

Animador 1: Proclamando o Salmo 95, vamos renovar nossa aliança com Deus, o rochedo que nos salva, a voz que nos orienta, o pastor que nos conduz. Vamos proclamá-lo em dois grupos: Grupo A e Grupo B (G. A - G. B).

Todos: *Ao Rei que vai chegar, vinde, adoremos*

G. A: Vinde, exultemos de alegria no Senhor;
aclamemos o rochedo que nos salva!
Ao seu encontro caminhamos com louvores
e com cantos de alegria o celebremos.
(Refrão)

G. B: Na verdade, o Senhor é o grande Deus,
o grande Rei muito maior que os deuses todos.
Tem nas mãos as profundezas dos abismos,
e as alturas das montanhas lhe pertencem;
o mar é dele, pois foi ele quem o fez,
e a terra firme suas mãos a modelaram.
(Refrão)

G. A: Vinde, adoremos e prostremo-nos por terra;
ajoelhemos ante o Deus que nos criou!
Porque ele é o nosso Deus, nosso Pastor,
e nós somos o seu povo e seu rebanho,
as ovelhas que conduz com sua mão.
(Refrão)

G. B: Oxalá ouvísseis hoje a sua voz:
"Não fecheis os corações como em Meriba,
como em Massa, no deserto, aquele dia,
em que outrora vossos pais me provocaram,

apesar de terem visto as minhas obras".
(Refrão)

G. A: Quarenta anos desgostou-me aquela raça
e eu disse: "Eis um povo transviado,
seu coração não conheceu os meus caminhos!"
E por isso lhes jurei na minha ira:
"Não entrarão no meu repouso prometido!"
(Refrão)

Todos: Glória ao Pai e ao Filho e ao Espírito Santo,
como era no princípio, agora e sempre.
Amém!
(Refrão)

☙❧

Animador 2: Durante o Advento, os textos bíblicos nos colocam numa tonalidade própria deste tempo litúrgico: esperança, alegria, conversão e abertura missionária. O profeta Isaías preanuncia o encontro de todos os povos na paz messiânica do Reino de Deus: "Nenhuma nação pegará em armas contra a outra". Ouçamos o profeta que nos lembra da necessidade de caminhar à luz do Senhor.

(Mantra) Ó luz do Senhor que vem sobre a terra, inunda o meu ser, permanece em nós.

Leitor (Isaías 2,1-5): "Visão de Isaías, filho de Amós, a respeito de Judá e de Jerusalém. Acontecerá, nos últimos tempos, que a montanha da Casa do Senhor estará plantada bem firme no topo das montanhas, dominando os mais altos morros. Para lá acorrerão as nações todas, povos numerosos irão, dizendo: 'Vinde! Vamos subir à montanha do Senhor! Vamos ao Templo do Deus de Jacó. Ele nos vai mostrar a sua estrada e nós vamos trilhar os seus caminhos'. Pois de Sião sai o ensinamento, de Jerusalém vem a palavra do Senhor. Às nações ele dará a sentença, decisão para povos numerosos: devem fundir suas espadas, para fazer bicos de arado, fundir as lanças, para delas fazer foices. Nenhuma nação pegará em armas contra a outra e nunca mais se treinarão para a guerra. Casa de Jacó, vinde, vamos caminhar à luz do Senhor!"

Palavra do Senhor!

Todos: Graças a Deus.

(Silêncio.)

3º Momento

Uma resposta de amor

Animador 1: Irmãos, estamos vivendo um tempo de graça na Igreja. Tempo de renovar esperanças. Tempo de acolher o novo que vem. Tempo de trilharmos no caminho que a Igreja nos propõe com o projeto "Queremos Ver Jesus – Caminho, Verdade e Vida".

Até que ponto somos capazes de acolher "a luz do Senhor [...] e de trilhar por seus caminhos"?

O evangelista João (1,5.9) também nos lembra: "[...] a luz brilha nas trevas, e as trevas não conseguiram dominá-la [...] a luz verdadeira, que vindo ao mundo a todos ilumina".

Isaías faz um convite: "Vinde, vamos subir à montanha do Senhor". Ora, a subida é sempre custosa; exige força de vontade, perseverança.

O "Alimento" que estamos contemplando é "o pão da vida", é sustento na caminhada.

• Até que ponto o valorizamos?

• Qual será o caminho que vamos seguir, a verdade que vamos buscar, a vida que nos alimentará?

Vamos com Jesus! Afinal, no horizonte da Eucaristia está a vida do mundo; é a proposta dele: "Eu sou o pão vivo que desceu do céu. Quem come deste pão viverá eternamente. E o pão que eu darei é a minha carne, *entregue* pela vida do mundo" (Jo 6,51).

(Silêncio de interiorização.)

Canto

VEM, Ó SENHOR...
(Pe. José Weber – D.R.)

Vem, ó Senhor, com o teu povo caminhar,
teu corpo e sangue, vida e força vem nos dar. (bis)

1. A Boa-Nova proclamai com alegria:
Deus vem a nós, ele nos chama e nos recria.
E o deserto vai florir e se alegrar,
da terra seca, flores, frutos vão brotar. *(bis)*

2. Eis nosso Deus, ele nos vem para salvar,
com sua força vamos juntos caminhar
e construir um mundo novo e libertado
do egoísmo, da justiça e do pecado. *(bis)*

3. Uma voz clama no deserto com vigor:
"Preparai hoje os caminhos do Senhor".
Tirai do mundo a violência e a ambição,
que não nos deixam ver no outro o nosso
irmão. *(bis)*

Animador 2: A mensagem de Tiago neste Advento também nos alerta para que tenhamos firmeza à espera do Senhor que vem, seguindo o exemplo do agricultor que aguarda confiante o fruto da terra.

Leitor (Tiago 5,7-10): "Irmãos, tende paciência até a vinda do Senhor. Olhai o agricultor: ele espera com paciência o precioso fruto da terra, até cair *a chuva do outono ou da primavera*. Também vós, exercei paciência e firmai vossos corações, porque a vinda do Senhor está próxima. Irmãos, não vos queixeis uns dos outros, para que não sejais julgados. Eis que o juiz está às portas. Irmãos, tomai como modelo de paciência nos maus-tratos os profetas, que falaram em nome do Senhor. Reparai que proclamamos felizes os que fizeram prova de constância. Ouvistes falar da constância de Jó e conheceis o êxito que o Senhor lhe deu – pois o Senhor *é rico em misericórdia e compassivo*".

(Meditar em silêncio.)

Animador: Vamos olhar para o ambiente em que vivemos...

• Quem está sendo para nós exemplo de paciência, de firmeza, de confiança?

• Tiago, aconselhando, disse: "Firmai vossos corações"

• O que vem a ser "firmar o coração"?

• Como estamos reagindo diante do sofrimento, das ofensas, das dificuldades? Nós nos queixamos facilmente da situação social?

• Qual deveria ser a nossa resposta? Qual é a minha resposta pessoal? E, na comunidade, qual será a minha resposta? Olhando para a sociedade, qual seria a nossa melhor resposta?

(Meditar.)

ଔଛ

Animador 1: Com o Salmo 63, queremos renovar nossa vontade de caminhar na retidão. A Eucaristia é o memorial da doação plena de Jesus.

O salmista expressa sua sede de Deus. Jesus é a "água viva". Também nós queremos buscar a força do Deus vivo.

Todos: *De ti tem sede a minha alma.*

Salmista: Ó Deus, tu és meu Deus,
 desde a aurora te procuro.
– De ti tem sede a minha alma, anela por ti
 minha carne.
 Como terra deserta, seca, sem água.

– Assim no santuário te busquei,
para contemplar teu poder e tua glória.

– Pois tua graça vale mais que a vida,
meus lábios proclamarão o teu louvor.

– Assim te bendirei enquanto eu for vivo,
no teu nome eu erguerei minhas mãos.

– Eu me saciarei como num farto banquete
e com vozes de alegria te louvará minha boca.

– A ti está ligada a minha alma;
a tua mão direita me sustenta.

Todos: Glória ao Pai e ao Filho e ao Espírito Santo, como era no princípio, agora e sempre. Amém.

☙❧

Animador 2: Ao longo deste tempo precioso, enquanto aguardamos o momento de celebrar a solenidade do nascimento de Jesus, encontramos José e Maria também em situação de espera. O Evangelho apresenta o drama de José ao saber que Maria, sua noiva, está grávida. Consegue acalmar-se quando o Anjo lhe revela que a concepção da criança é obra do Espírito Santo.

José, mesmo encontrando-se diante de algo que é maior do que ele, com olhos e coração da fé, aceita, obediente e confiante, a revelação e decide "acolher a sua esposa" (Mt 1,24).

Animador 1: É a resposta amorosa dada por José, numa difícil situação que exige muita fé e confiança. Ele responde de modo silencioso, mas firme e conscientemente. O que significa tudo isso para nós?

Animador 2: Colocar-se à presença da Eucaristia exige disponibilidade para deixar-se questionar. Rever a própria caminhada faz parte do espaço da oração. Avaliar nossos compromissos, também.

Aproveitemos alguns instantes de silêncio para renovar nossas convicções e rever nossas atitudes.

Olhando o exemplo de José, que respondeu com amor e firmeza àquela situação, qual seria a nossa melhor resposta diante dos desafios que se apresentam tanto na vida pessoal quanto na comunitária e social?

(Meditemos, buscando uma resposta.)

☙❧

Animador 1: Nossa vida consiste numa viagem de volta para o Pai; é uma passagem, uma Páscoa. O Salmo 121 lembra-nos da convicção dos antigos romeiros na viagem de volta para casa.

Canto

ENVIA TUA PALAVRA...
(Pe. José Weber – D.R.)

(Mantra) Envia tua palavra, palavra de salvação
que vem trazer ESPERANÇA,
aos pobres LIBERTAÇÃO.

Todos: *Meu auxílio vem do Senhor,*
que fez o céu e a terra.

Lado 1: Levanto os olhos para os montes:
de onde me virá auxílio?

Lado 2: Meu auxílio vem do Senhor,
que fez o céu e a terra.

L. 1: Não deixará teu pé vacilar,
aquele que te guarda não dorme.

L. 2: Não dorme nem cochila,
o vigia de Israel.

L. 1: O Senhor é o teu guarda;
o Senhor é como sombra que te cobre,
e está à tua direita.

L. 2: De dia o sol não te fará mal,
nem a lua de noite.

L.1: O Senhor te preservará de todo mal;
preservará tua vida.

L. 2: O Senhor vai te proteger quando sais
e quando entras,
desde agora e para sempre.

Todos: Glória ao Pai e ao Filho e ao Espírito
Santo, como era no princípio,
agora e sempre. Amém!

4º Momento

Conclusão

Animador 2: O Advento é um tempo de graça, um tempo propício para renovar nossa adesão àquele que, na fidelidade, está sempre disposto a caminhar conosco, proporcionando-nos libertação, alegria, perdão e paz.

Nosso canto seja a expressão da nossa fé no "Emanuel" presente na Eucaristia, nossa ESPERANÇA, nossa LUZ.

Canto

Vem, ó Senhor...

(Pe. José Weber – D.R.)

Vem, ó Senhor, com o teu povo caminhar;
teu corpo e sangue, vida e força vem nos dar.

1. A Boa-Nova proclamai com alegria:
Deus vem a nós, ele nos salva e nos recria.
E o deserto vai florir e se alegrar,
da terra seca, flores, frutos vão brotar.

2. Uma voz clama no deserto com vigor:
"Preparai hoje os caminhos do Senhor".
Tirai do mundo a violência e ambição,
que não nos deixam ver no outro o nosso irmão.

3. Vem, ó Senhor, ouve o clamor da tua gente,
Que luta e sofre, porém crê que estás presente.
Não abandones o teu povo, Deus fiel,
porque teu nome é Deus-conosco, Emanuel.

Animador 1: À luz da Eucaristia, queremos viver o tempo do Advento com suas atitudes próprias, isto é: fé vigilante, alegria repleta de esperança, conversão constante, testemunho cristão.

(Se houver o rito de Comunhão, poderá ser neste momento. O Ministro Extraordinário da Comunhão colocará sobre a mesa a âmbula com o pão consagrado e iniciará o rito com o pai-nosso.)

ঙ৪৪

Animador 2: Caminhando para o final da nossa adoração, sempre olhando nossa realidade e trazendo os anseios de toda a humanidade, oremos dizendo a cada prece:

Todos: *Ouvi-nos, Senhor.*

1. Imploremos a Deus que a vinda de seu Filho ao mundo possa renovar toda a humanidade.
Rezemos:

Todos: Ouvi-nos, Senhor.

2. Neste Advento, roguemos ao nosso bom Deus que dê um espírito novo de acolhimento aos que chegam.
Rezemos:

Todos: Ouvi-nos, Senhor.

3. Para que o espírito deste Advento nos renove de esperanças nas propostas que renovam a vida. Rezemos:

Todos: Ouvi-nos, Senhor.

4. Que as nossas atitudes de escuta e vigilância sejam fortalecidas neste Advento. Rezemos:

Todos: Ouvi-nos, Senhor.

5. Senhor, nosso bom Pai, olhando a nossa realidade, que pede uma resposta de amor e coragem, a exemplo de tantos homens e mulheres na história, rogamos para que o Senhor fortaleça o nosso sim. Rezemos:

Todos: Ouvi-nos, Senhor.

(Concluindo a adoração, o coordenador dos cantos poderá convidar para um canto final, como "Pedindo a proteção de Maria", ou outro à escolha.)

(Depois das preces, se houver presbítero ou diácono, procede-se à bênção eucarística. Enquanto se retira o Santíssimo, canta-se este ou outro canto.)

Canto

MARIA, MÃE DOS CAMINHANTES
(Pe. Gustavo Balbinot – D.R.)

Maria, mãe dos caminhantes, ensina-nos a caminhar. Pois somos todos viandantes, mas é difícil sempre andar.

1. Fizeste longa caminhada / para servir a Isabel, sabendo-se de Deus morada / após teu sim a Gabriel.
(Refrão)

2. Depois de dura caminhada para a cidade de Belém,
não encontraste lá pousada: mandaram-te passar além.
(Refrão)

3. Com fé fizeste a caminhada / levando ao templo o teu Jesus.
Mas lá ouviste da espada / da longa estrada para a cruz.

Sumário

Introdução 5

1º Momento
Acolher e ser acolhido por Jesus eucarístico 7

2º Momento
Fala Senhor, teu servo escuta 11

3º Momento
Uma resposta de amor 15

4º Momento
Conclusão 25

Impresso na gráfica da
Pia Sociedade Filhas de São Paulo
Via Raposo Tavares, km 19,145
05577-300 - São Paulo, SP - Brasil - 2004